NÉCESSITÉ SCIENTIFIQUE

DE

L'EXISTENCE DE DIEU

PAR

Pierre COURBET

ANCIEN ÉLÈVE DE L'ÉCOLE POLYTECHNIQUE

> L'existence de Dieu est une vérité mathématique et le dernier mot de la science moderne.
>
> HIRN.

Deuxième édition

Revue et augmentée

PARIS

LIBRAIRIE BLOUD ET BARRAL

4, RUE MADAME, ET RUE DE RENNES, 59

1898

SCIENCE ET RELIGION

NOUVELLES ÉTUDES PHILOSOPHIQUES, SCIENTIFIQUES ET RELIGIEUSE:

Collection de vol. in-12 de 64 pages *compactes.*

Prix : **O fr. 60** le vol.

Depuis longtemps les ennemis de la religion ne cessent de faire retenti dans tous les organes dont ils disposent : livres, journaux, revues, brochures, ce qu'ils appellent les « **RÉSULTATS CERTAINS DE LA SCIENC.** **MODERNE** » avec la conclusion clairement exprimée ou perfidement sous entendue qu'il y a DÉSACCORD entre ces *résultats* et les *affirmations d la Foi.*

Nos savants catholiques n'ont pas manqué de répondre. L'ont-ils tou jours fait de manière à rester facilement *accessibles à toutes les classe de lecteurs ?*

De nombreux et volumineux ouvrages d'apologétique ont été publié mais précisément la méthode apologétique et le mot lui-même ne sont-il pas dès l'abord suspects aux *incrédules* et même aux *indifférents ?* D l'examen de ces inconvénients est née l'idée d'une *collection* où les même vérités seraient exposées dans le même but, mais sous une forme plu concise, plus claire, plus attractive, plus compréhensible pour tous, quoi que particulièrement *scientifique.*

Notre Bibliothèque des *Nouvelles Études* sera RELIGIEUSE : sur tous le points l'enseignement catholique est le phare dont nous suivrons la lumière *Mais elle sera en même temps et* AVANT TOUT *une bibliothèqu* PHILO-SOPHIQUE *et* SCIENTIFIQUE *destinée à faire connaître les principale. manifestations de la pensée humaine dans la recherche de la vérité.*

Aussi ne s'interdira-t-elle pas l'exposé des solutions personnelles, ori ginales. Elle comportera nombre de sujets qui n'intéressent que de loir la foi ou lui sont même étrangers. *Par là elle contribuera,* nous l'espé rons, *à développer chez nos lecteurs l'esprit philosophique, les initiera et les habituera aux méthodes des sciences, aux procédés tout modernes de la critique historique ou de la philologie.*

Aux gens du monde loyaux et consciencieux trop souvent arrêtés par les objections spécieuses comme devant d'inexplicables énigmes ; aux jeunes gens désireux d'approfondir la science de la foi ; aux conférenciers, prédiateurs, professeurs astreints à des recherches longues et fatigantes; aux prêtres toujours désireux de faire lire des ouvrages vraiment remar- quables, intéressant la défense de la Religion, n'est-ce pas rendre service e présenter, dans une série de TRAITÉS SUBSTANTIELS et SUGGESTIFS, les rincipales vérités philosophiques, historiques et religieuses?

Ajoutons que la publication de notre Bibliothèque par opuscules vendus éparément, *à un prix modique*, rendra facile à chacun la formation lente ; successive d'une précieuse encyclopédie *scientifique*.

Pour réaliser ce programme, d'éminents collaborateurs ont bien voulu ous assurer leur concours. Parmi eux nous citerons : MM. GONDAL, pro- sseur d'apologétique et d'histoire au séminaire Saint-Sulpice, et GUIBERT, périeur du séminaire de l'Institut catholique de Paris, le R. P. de la ARRE, M. l'abbé PISANI, professeurs à l'Institut catholique de Paris, le P. ORTOLAN, M. l'abbé CONSTANT, (tous deux lauréats de l'Institut tholique de Paris, M. l'abbé THOMAS, vicaire général de Verdun, . GUYOT, *auteur de la Raison conduisant l'homme à la Foi*, M. G. NSEGRIVE, G. ROMAIN, P. COURBET, ancien élève de l'école polytechnique, ANNIARD DU DOT, etc. etc.

Cette liste est destinée à s'allonger; bientôt s'y ajouteront, nous en ons la promesse, les noms des personnes si autorisées qui, dès la pre- ère heure ont bien voulu accorder à notre projet les plus honorables et plus flatteurs encouragements.

En contribuant ainsi dans la mesure de nos forces à l'union de l'esprit entifique et de l'esprit de foi, nous répondons aux besoins de l'époque à la pensée du Pape Léon XIII dont la grande voix s'est si souvent éle- pour recommander aux catholiques de se servir des connaissances et méthodes scientifiques pour la défense de leur foi.

Voici une première liste des ouvrages parus ou à paraître incessam- nt :

— **Certitudes scientifiques et Certitudes philosophiques,** par le P. de la BARRE S. J. professeur à l'Institut catholique de Paris. 1 vol.

— **L'Ame de l'homme** par J. GUIBERT, supérieur du séminaire de stitut catholique de Paris.   **1 vol.**

— **Faut-il une religion ?** par M. l'abbé GUYOT, curé-doyen de Gé- lmer, docteur en théologie et en droit canon, ancien professeur de logie.   **1 vol.**

— *Du même auteur :* **Pourquoi y a-t-il des hommes qui ne pro- ent aucune religion ?**   **1 vol.**

— **Etudes sur la Pluralité des mondes habités et le dogme de carnation** par le R. P. ORTOLAN, docteur en théologie et en droit nique, lauréat de l'Institut catholique de Paris, membre de l'acadé- de Saint Raymond de Pennafort.   **3 vol.**

— *L'Epanouissement de la vie organique à travers les plaines de l'infini.*   **1 vol.**

— *Soleils et terres célestes.*   **1 vol.**

— *Les Humanités astrales et l'Incarnation.*   **1 vol.**

Chaque vol. se vend séparément.

— **L'Au-delà ou la Vie future d'après la foi et la science** par M. l'abbé J. LAXENAIRE, docteur en théologie et en droit canon, de l'Académie de Saint Thomas d'Aquin, professeur au grand séminaire de Saint-Dié. 1 vol.

— **Le Mystère de l'Eucharistie. — Aperçu scientifique** par M. l'abbé CONSTANT, docteur en théologie, lauréat de l'Institut catholique de Paris. 1 vol.

— **L'Eglise catholique et les Protestants** par G. ROMAIN auteur de : *L'Eglise et la Liberté, Le Moyen Age fut-il une époque de ténèbre et de servitude ?* 1 vol.

— **Mahomet et son œuvre** par I. L. GONDAL, professeur d'apologétique et d'histoire au séminaire Saint-Sulpice. 1 vol.

— **Christianisme et Bouddhisme** (*Etudes orientales*) par M. l'abbé THOMAS, vicaire général de Verdun. 2 vol.

L'ouvrage est divisé en deux parties dont aucune ne se vend séparémen. Première partie : *Le Bouddhisme.*

Deuxième partie : *Le Bouddhisme dans ses rapports avec le christianisme. — Ascétisme oriental et ascétisme chrétien.*

— **Où en est l'Hypnotisme, son histoire, sa nature et ses dangers** par A. JEANNIARD DU DOT, auteur du *Spiritisme dévoilé.* 1 vo.

— *Du même auteur :* **Où en est le Spiritisme, sa nature et ses dangers.** 1 vo.

— **Nécessité scientifique de l'existence de Dieu**, par P. COURBET, ancien élève de l'Ecole polytechnique. 1 vol. — Prix, 0 fr. 6

— *Du même auteur :* **Jésus-Christ**, in-18 raisin de 72 pages. Prix. 0 fr. 6

Le succès considérable et si encourageant de ces deux opuscules a déterminé la création définitive de la bibliothèque des *Nouvelles Etudes.*

Dans le premier l'auteur expose, d'une manière brève mais très serrée, les preuves les plus décisives de cette affirmation que l'existence de Dieu est une vérité mathématique et le dernier mot de la science moderne. Dans le second, **Jésus-Christ**, M. P. COURBET continue son exposé rationnel et logique des fondements de la foi chrétienne. Après avoir démontré par des preuves uniquement scientifiques que Dieu existe, il en déduit que Jésus-Christ est Dieu.

CITEAUX. — IMP. GUILLERMAIN.

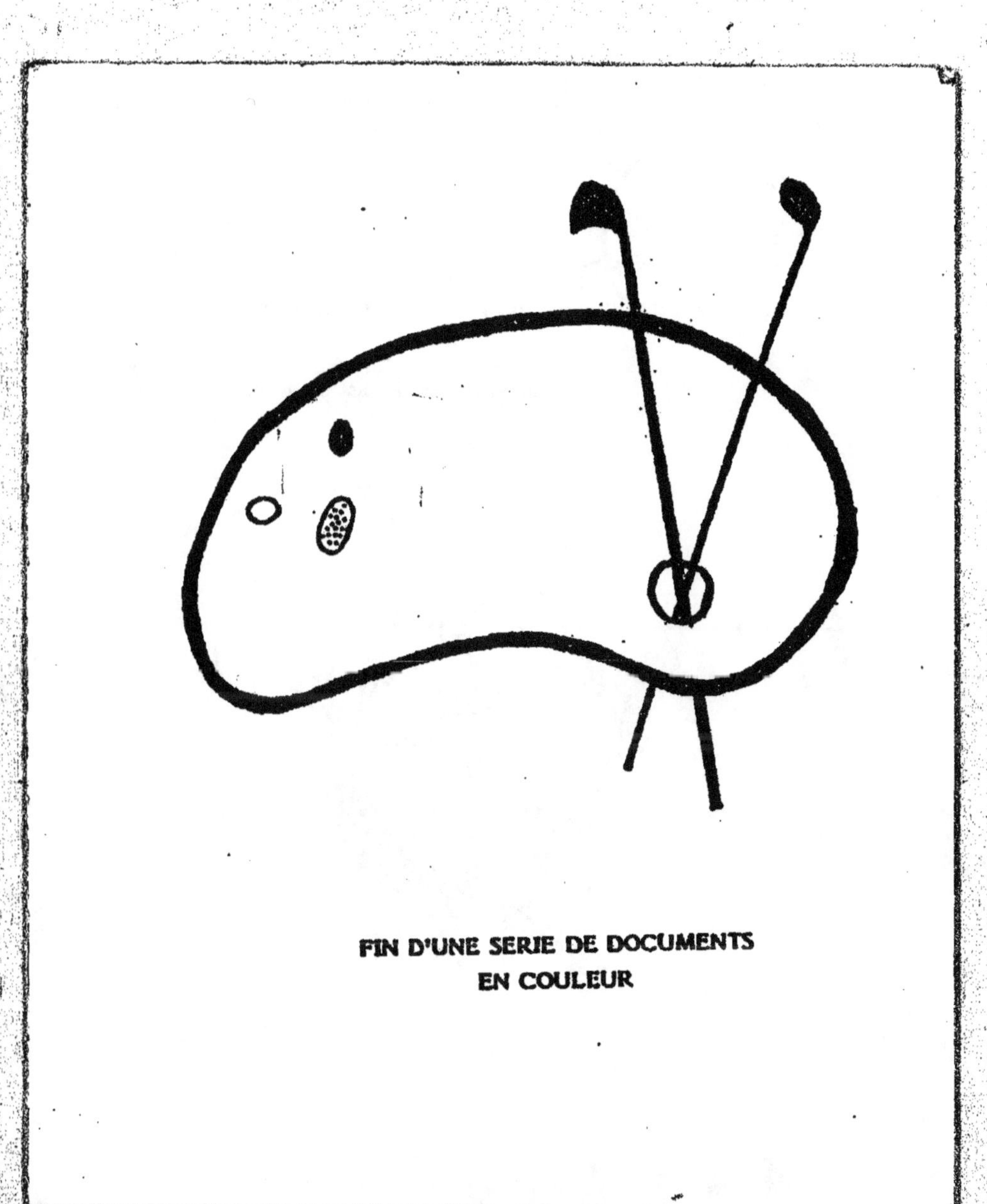FIN D'UNE SERIE DE DOCUMENTS
EN COULEUR

NÉCESSITÉ SCIENTIFIQUE

DE

L'EXISTENCE DE DIEU

PAR

Pierre COURBET

ANCIEN ÉLÈVE DE L'ÉCOLE POLYTECHNIQUE

> L'existence de Dieu est une vérité mathématique et le dernier mot de la science moderne.
> HIRN.

Deuxième édition

Revue et augmentée

CONSIDÉRATIONS PRÉLIMINAIRES.

La croyance à l'existence de Dieu est, en dépit des négations de quelques athées, une croyance absolument scientifique dont la nécessité s'impose au même titre que les principes fondamentaux de la science.

Il est faux que la science moderne ait, comme on l'a prétendu si souvent, démontré que Dieu n'existe pas ou que nous ne pouvons pas le connaître. Dans le magnifique développement des sciences auquel notre siècle a assisté, rien n'est venu infirmer cette croyance, fondement de toute morale comme de toute religion, qui seule donne une valeur à cette vie et peut nous aider à en supporter les épreuves.

Au contraire, toutes les découvertes modernes, tous les faits nouveaux acquis à la science n'ont fait, comme nous le verrons bientôt, que donner une nouvelle certitude à la croyance à l'existence de Dieu et nous permettent de l'inscrire comme un des principes indiscutables, comme l'axiome fondamental de la science.

Qu'est-ce que Dieu ?

Dieu est le principe de l'être, la source de la vie, la loi suprême et intelligente qui dirige toutes choses.

Qu'est-ce que la science ?

La science est la recherche des causes et des lois qui régissent l'univers et la vie.

On voit déjà immédiatement la corrélation qui existe entre ces deux termes : Dieu, la science. Pour le savant comme pour le philosophe, Dieu est la loi suprême d'où dérivent les lois secondaires que la science nous fait connaître, qui les coordonne, qui les explique.

Qu'y a-t-il de plus rationnel que cette conception de la divinité? Et comment ose-t-on l'attaquer au nom de la science, quand elle en est au contraire l'expression la plus haute, quand elle est la véritable synthèse scientifique qui seule nous permet d'embrasser l'ensemble des phénomènes de l'univers et leurs lois?

Mais nous ne voulons pas nous contenter de ces rapprochements si saisissants qu'ils soient. L'existence de Dieu n'est pas seulement une possibilité scientifique, une conception plus ou moins grandiose de notre esprit. C'est une vérité susceptible d'être démontrée au moyen des données les plus certaines des sciences physiques et mécaniques, et dont la démonstration peut acquérir un degré de rigueur pour le moins comparable à celle des principes fondamentaux de toutes les sciences.

C'est ce que nous nous proposons de démontrer dans les pages qui vont suivre.

Nous démontrerons en même temps que tous les systèmes par lesquels nos adversaires se vantent de remplacer nos croyances sont faux et en contradiction absolue avec les principes les plus certains de la science.

Cette dernière assertion peut, à première vue, paraître audacieuse. On a en effet si souvent répété que la science moderne a définitivement condamné la religion, que ceux mêmes qui s'inscrivent en faux contre cette opinion n'osent pas la retourner contre nos adversaires. On se contente de chercher péniblement un accord entre les vérités religieuses et les faits scientifiques parfois les moins prouvés, sans contester, au nom de la science, les principes sur lesquels on s'appuie pour nous combattre. En un mot, on se confine dans une attitude passive qui donne beau jeu aux doctrines athées.

Or, on sait qu'à la guerre le plus sûr moyen de vaincre est d'attaquer. Nous sommes assez forts pour ne pas rester cantonnés dans nos retranchements, pour ne pas nous laisser renfermer dans les ouvrages que l'on ne cesse d'élever autour de nous, et qu'il nous faut ensuite démolir a grand'peine. S'il est un seul point sur lequel la défense paraît faiblir, nos adversaires crient aussitôt victoire et se vantent d'avoir emporté la place.

Il nous faut donc changer de tactique et prendre vigoureusement l'offensive. Il nous faut démontrer que non seulement la science ne contredit pas notre foi, mais que c'est à notre foi seule que la science donne raison, que ce sont les doctrines de nos adversaires qui sont en contradiction avec les principes et les faits scientifiques les plus précis, que ce sont elles, non les nôtres, qui sont condamnées par cette science moderne avec laquelle on prétend nous barrer le chemin.

Il nous faut démontrer que nos croyances religieuses sont, dans leurs principes, *nécessaires* au même titre que la science, c'est-à-dire qu'elles reposent sur les mêmes bases que la science et conduisent à des conséquences qui s'imposent à notre raison au même titre qu'elle.

Sans doute l'homme ne peut pas tout savoir, et dans la religion comme dans la science elle-même, il est des questions qui ne pourront jamais être complètement élucidées.

Mais **a-t-on** jamais prétendu, par exemple, que les sciences physiques ne méritaient aucune créance parce que nous ne savons pas au juste ce que c'est que l'électricité, et doit-on traiter d'absurde notre système de mécanique céleste parce que nous ne savons rien de la nature de la gravitation ?

Il suffit que nous soyons en possession de quelques principes certains, desquels nous puissions déduire par le raisonnement ou par l'analyse mathématique tout ce qu'il nous importe de connaître. Nous ne devons pas nous laisser arrêter par des lacunes, si considérables qu'elles soient, assurés que si nous ne pouvons pas tout savoir, il est du moins des choses sur lesquelles nous ne pouvons pas nous tromper, et qu'une fois les principes établis, les contradictions que nous rencontrons sur notre route proviennent non de la vérité elle-même, qui est une et par suite ne peut se contredire, mais de la faiblesse de notre intelligence, qui ne peut tout comprendre, ou de l'imperfection de nos connaissances, qui ne peuvent s'étendre à tout.

Nous trouvons un exemple frappant de ces contradictions dans les deux sciences les plus développées et les plus exactes que l'on connaisse.

L'optique mathématique nous apprend que la lumière provient de vibrations d'une substance spéciale parfaitement élastique qui remplit tout l'univers visible et dont l'analyse physique nous fait connaître jusqu'à un certain point les propriétés.

D'un autre côté l'astronomie nous démontre avec non moins de précision qu'il n'y a pas de trace dans les espaces célestes d'un milieu matériel si peu dense qu'il soit. Ce milieu opposerait en effet aux mouvements des planètes et des comètes une résistance qui serait certainement mise en évidence par l'observation des mouvements de notre système solaire. Or, l'analyse des plus délicats de ces mouvements, ceux de la lune et des comètes, a prouvé incontestablement que cette résistance n'existe pas (1).

Nous sommes donc en présence de deux affirmations nettement opposées :

« Il est sûr que l'espace est rempli d'une sub« stance capable d'entrer en vibration, l'éther; « l'existence de cette substance est, humainement « parlant, certaine (2). »

« Il est sûr que. l'espace céleste ne contient pas « trace d'un milieu matériel résistant (3). »

C'est là une contradiction formelle, et cette contradiction est autrement grave que toutes celles que l'on a cru relever entre la science et la religion.

____

(1) Les mouvements des comètes, a dit M. Faye, l'analyse de celle de Winnecke entre autres, prouvent nettement qu'il n'y a pas de milieu résistant dans l'espace. (*Comptes rendus de l'Académie des sciences*).

(2) HERTZ.

(3) FAYE, HIRN.

Celles-ci en effet ont été facilement résolues, dès qu'on les a examinées simplement, sans parti pris, et il n'en est pas une qui puisse résister à l'examen impartial des hommes de bonne foi. Celle-là, au contraire, n'a pu trouver de solution et n'en pourra jamais trouver, au moins dans la doctrine matérialiste, puisque, suivant cette doctrine, il n'existe pas d'autre substance que la substance matérielle sensible, et que, par suite, l'éther ne peut être que de la matière pure, impénétrable, résistante.

Que deviennent alors ces deux sciences que l'on est habitué à considérer comme les plus précises de toutes les sciences de la nature ? Dira-t-on que les principes en sont faux et que ces sciences elles-mêmes ne méritent aucune créance ? Personne, même parmi les matérialistes les plus convaincus, n'a jamais osé soutenir une thèse pareille, et l'on se contente de penser que la solution existe, quoiqu'on ne la connaisse pas.

Un autre grave conflit s'est élevé récemment entre la thermodynamique et la géologie. On sait que la chaleur solaire ne peut provenir que de la condensation de la masse du soleil répartie primitivement, à l'état de nébuleuse, dans toute l'étendue du système planétaire et même au delà. On a calculé que cette condensation n'avait pu produire au maximum que 18 millions de fois la chaleur que cet astre rayonne en un an, c'est-à-dire que l'âge du soleil ne peut pas dépasser beaucoup dix-huit ou vingt millions d'années.

Or, la plupart des géologues admettent qu'il a fallu à la terre cinq cents millions d'années pour la formation et la stratification des terrains qui composent lécorce terrestre. Qu'on double, qu'on triple, qu'on décuple même la rapidité de succession des phénomènes géologiques des époques primitives comparées aux nôtres, il n'en reste pas moins une énorme disproportion entre ce que réclament les géologues et ce que peut nous accorder la thermodynamique d'autant plus que la terre n'a pu se détacher de la masse solaire qu'à une époque très avancée de sa condensation (1).

En résumé il en est de la religion comme de la science. Les vérités religieuses reposent sur les mêmes bases que les vérités scientifiques, et ce que l'on accorde aux unes doit être accordé aux autres. Nous ne devons pas plus repousser les vérités religieuses, parce qu'elles nous présentent des mystères, que nous ne repoussons les vérités scientifiques, quoique celles-ci nous présentent des lacunes ou des contradictions.

Il suffit que, dans la religion comme dans la science, les vérités se tiennent, s'enchaînent mutuellement par des liens logiques, et qu'on soit assuré des principes sur lesquels elles reposent. Du moment que ces principes sont certains, les vérités qu'on en déduit rationnellement sont non moins certaines, et l'esprit de l'homme peut se reposer dans l'assurance qu'il suit un chemin où il ne peut pas tout voir, mais dans lequel il ne peut pas s'égarer.

C'est d'après ces principes que nous avons com-

____

(1) WOLF. *Les hypothèses cosmogoniques.*

posé les nouvelles études que nous offrons actuellement aux hommes instruits et de bonne foi.

L'existence de Dieu et la divinité de Jésus-Christ sont les deux fondements sur lesquels repose rationnellement tout l'édifice du christianisme. Nous devons donc nous attacher avec un soin particulier à en établir la parfaite certitude.

Nous donnerons de l'existence de Dieu plusieurs démonstrations fondées sur les principes et les faits les plus certains des sciences physiques et mécaniques, en suivant une marche analogue à celles de ces sciences qui sont arrivées au plus haut degré de développement. Nous démontrerons que l'existence de Dieu est une vérité scientifique au même titre que les vérités fondamentales de la science, que c'est un principe dont celle-ci ne peut pas se passer et sans lequel elle tombe dans la contradiction et dans l'absurde.

Nous démontrerons que toutes les hypothèses que l'on peut faire pour se passer de Dieu conduisent à des résultats absolument opposés à ceux que nous fait connaître l'observation dans le domaine de la nature physique. Nous établirons en un mot que Dieu existe comme force suprême de laquelle dérivent toutes les forces de l'univers matériel.

Nous examinerons ensuite les relations de la divinité et de l'humanité, et nous arriverons par une série de raisonnements et de déductions logiques, ainsi que par l'étude rigoureuse des faits, à la démonstration de la divinité du christianisme.

Nous n'entreprendrons pas d'exposer l'enseignement doctrinal de l'Eglise dans son ensemble attendu que cet exposé a déjà été fait dans de nombreux et excellents traités.

Du reste tous les efforts de l'incrédulité s'étant concentrés sur ces deux points, l'existence de Dieu et la divinité de Jésus-Christ, il suffit d'en établir solidement la démonstration pour que tout le reste s'ensuive nécessairement.

> Suscipiat Dominus hoc opusculum, ad laudem et gloriam nominis sui, utilitatem quoque nostram totiusque Ecclesiæ suæ sanctæ.

PREMIERS PRINCIPES.

I.

L'inconnaissable dans les sciences physiques. L'éther.

A la base de toutes les sciences physiques — de celles du moins qui sont assez développées pour qu'on puisse les saisir dans leur ensemble — se trouve un principe fondamental, une loi générale permettant d'expliquer, de coordonner tous les phénomènes qui constituent chacune de ces sciences, et parfois même d'en découvrir de nouveaux.

Prenons comme exemples l'optique mathématique et l'astronomie qui sont, de toutes les sciences de la nature, celles qui sont arrivées actuellement au plus haut degré de perfection.

Tous les phénomènes que nous présente l'étude de la lumière, réflexion, réfraction, diffraction, polarisation, s'expliquent admirablement par les mouvements vibratoires d'un milieu spécial qui remplit notre atmosphère et qui s'étend à travers les espaces sidéraux dans tout l'univers visible.

C'est cet élément qu'on appelle l'éther.

On n'a jamais pu isoler l'éther ni déterminer directement ses propriétés physiques. Cependant l'existence de cet élément inconnu est le fondement d'une des parties les plus importantes et les plus avancées de la science. Elle seule, en effet permet non seulement d'expliquer avec la dernière précision les phénomènes les plus compliqués de l'optique, mais encore d'en prédire plusieurs autres qui n'avaient jamais été observés, qui ont été découverts par la théorie et pleinement vérifiés par l'expérience. Aussi l'un des physiciens les plus éminents de notre époque a-t-il pu dire récemment en résumant l'opinion de tout le monde savant : « La théorie du mouvement « vibratoire de la lumière est, humainement parlant, « certaine, et tout ce qui en découle est de même « certain. Il est donc sûr que tout l'espace qui nous « est accessible est rempli d'une substance capable « d'entrer en vibrations, l'éther (1). »

Ajoutons que les travaux de Maxwell, les expériences récentes de Hertz et de Rœntgen, tendent à faire admettre que l'éther n'est pas seulement le milieu propagateur de la lumière, mais aussi celui de l'électricité et sans doute des différentes formes de l'énergie.

On a discuté et on discutera sans doute encore longtemps sur la nature de cet éther, qui joue un rôle si considérable dans la science moderne. Est-ce un milieu matériel, mais d'une nature spéciale ou, comme on l'a longtemps appelée, *impondérable ?* Est-ce seulement une sorte de poussière cosmique, débris de la nébuleuse primitive, répandue dans

(1) HERTZ.

l'espace, d'une ténuité telle qu'elle ne réduit pas d'une manière sensible les vitesses des corps qui s'y meuvent? Est-ce, comme le suggère M. Hirn, une substance intermédiaire entre la matière et l'esprit? C'est là une question que nous n'avons pas à examiner ici.

Aussi les philosophes et les savants chrétiens, auxquels on reproche de croire à l'existence d'un Dieu «que personne ne voit et qui ne s'est jamais manifesté à nos sens», ont-ils beau jeu à répondre à leurs adversaires qu'eux-mêmes sont bien obligés d'admettre l'existence d'un principe invisible, mais réel, qui, pas plus que Dieu, ne peut tomber sous nos sens, et d'une nature tellement mystérieuse qu'on ne sait pas s'il appartient à la matière ou à une autre substance inconnue.

II.

L'inconnaissable dans les sciences physiques. La gravitation.

L'astronomie nous offre un exemple non moins frappant d'un de ces principes fondamentaux, dont l'existence est universellement admise, bien qu'on ne puisse les concevoir ni les comprendre.

Nous voulons parler de la gravitation universelle.

Ce grand principe introduit dans la science moderne par Newton, à savoir que tous les corps s'attirent suivant une loi simple qui est en raison directe des masses et en raison inverse du carré des distances, est considéré actuellement par tous les savant comme le fondement de la mécanique céleste et la base de la philosophie naturelle. Il est certain que cette loi, développée par l'analyse mathématique et appliquée à l'étude des mouvements des astres, a conduit à des résultats qui concordent merveilleusement avec tous les phénomènes connus; elle a même permis de découvrir *a priori* l'existence d'une planète ignorée aux confins de notre système solaire.

Cependant nous ne savons pas quel est ce principe qui se manifeste ainsi autour de nous, à la surface de la terre comme dans les profondeurs de l'espace. Nous ne savons pas de quelle manière l'attraction agit sur les corps qui nous entourent et à plus forte raison sur les mondes du ciel, comment elle les relie les uns aux autres à travers les espaces incommensurables qui les séparent. Et en cela l'astronomie est moins avancée que l'optique, qui, elle du moins, a pu déterminer presque toutes les conditions du mouvement vibratoire de l'éther.

Cependant il est impossible d'admettre que la matière puisse agir sur la matière à distance, quelle que soit du reste cette distance, qu'elle soit excessivement petite pour les atomes élémentaires qui constituent les corps, ou excessivement grande pour les corps célestes; car il faudrait admettre qu'une simple molécule a l'incroyable privilège d'être omniprésente et omnipotente, de faire sentir son action à la fois sur toutes les autres molécules de l'univers, d'agir en un mot là où elle n'est pas, pour ainsi dire, comme Dieu lui-même.

C'est en vain qu'on a essayé d'expliquer les phénomènes de la gravitation par les actions élémentaires d'un fluide quelconque mettant en communication mécanique les corps les plus éloignés, agissant sur eux par pression, impulsion, vibration.

Toutes ces tentatives n'ont eu d'autre résultat que de mieux mettre en lumière la différence radicale qui sépare les actions mécaniques des actions gravifiques, « celles-ci — c'est Newton lui-même qui « parle — venant de quelque cause qui pénètre jus- « qu'au centre du soleil et des planètes sans rien « perdre de son activité, et qui n'agit point suivant la « grandeur des surfaces, comme les causes méca- « niques, mais selon la quantité de matière. »

C'est là, en effet, la différence capitale à laquelle se sont heurtés jusqu'à nos jours tous les essais d'explication mécanique de la gravitation. Tous entraînent avec eux cette conséquence forcée que la gravitation devrait agir sur les corps proportionnellement à leurs surfaces, ce qui est radicalement opposé à l'expérience, puisque la gravitation agit sur les corps en raison directe non de leurs surfaces ni même de leurs volumes, mais de leur masse, c'est-à-dire de la quantité de matière qu'ils contiennent.

Nous nous trouvons donc ici en présence d'un principe qui non seulement nous est inconnu dans son essence, comme l'éther, mais qui se manifeste à nous suivant un mode complètement inaccessible à notre raison.

Et pourtant il n'y a pas un savant de nos jours qui n'admette ce principe comme base de toutes les sciences de la nature, sans l'expliquer ni le comprendre.

III.

La cause première. Convenance scientifique de l'existence
de Dieu.

De quelque côté que nous nous tournions, nous ne
trouvons donc partout que mystères. L'homme peut
connaître quelques phénomènes, découvrir quelques
lois; mais les principes de toutes les sciences lui
échappent. S'il peut parfois déterminer les lois qui
en émanent, il ne peut jamais en reconnaître la
nature et il est obligé de s'arrêter devant des subs-
tances qu'il ne peut analyser ou des actions qu'il ne
peut comprendre.

Que vient-on nous dire maintenant que la science
moderne doit rejeter Dieu parce qu'elle ne peut
pas le démontrer, parce qu'il ne tombe pas sous
l'action directe de ses expériences de laboratoire!
Autant vouloir que toutes les sciences rejettent les
principes sur lesquels elles s'appuient, principes
qu'on ne connaît pas plus que Dieu — qu'on connaît
moins que Dieu — qui ne tombent pas plus que Dieu
sous nos sens!

Il nous faut pourtant bien chercher, — car ce serait
la solution de toutes les grandes questions qu'agite
la science — quelle est la cause suprême de toutes
ces causes secondaires qui agissent autour de nous,
quelle est la force primitive d'où dérivent toutes ces
forces connues ou inconnues qui régissent les mou-

vements de la matière, depuis les molécules élémentaires des corps qui nous entourent, jusqu'aux globes immenses qui gravitent dans les espaces du ciel.

De toutes les solutions qu'on nous présente, aucune n'est plus simple ni en même temps plus rigoureuse que celle que nous offre le christianisme d'accord avec le témoignage instinctif de notre raison et le sentiment unanime du genre humain.

Qu'on lise n'importe quel exposé du christianisme, depuis la *Somme* de saint Thomas d'Aquin jusqu'au vulgaire catéchisme qu'on met entre les mains de nos enfants, le lecteur le plus prévenu, le plus incrédule, s'il a l'esprit tant soit peu scientifique, — ne pourra qu'être frappé de la logique qui y règne, d'un bout à l'autre, du merveilleux ensemble dans lequel tout s'enchaîne, tout découle des principes avec une rigueur qu'aucun système philosophique ou religieux n'a jamais pu égaler.

Au contraire, les écoles athées n'ont pu trouver, pour expliquer l'origine et la formation du monde, un seul système qui ne fût un tissu de contradictions et d'absurdités.

Aussi serait-ce le cas de reprendre pour notre propre compte le mot fameux :

« Dieu ne serait pas qu'il faudrait l'inventer. »

Ce qui veut dire que si, par impossible, l'humanité avait vécu jusqu'à ce jour sans la notion de Dieu, si surtout cette notion n'entraînait pas avec elle des obligations morales sur lesquelles nous n'avons pas à insister ici, nous verrions ces mêmes hommes qui se montrent aujourd'hui si ardents à rejeter l'existence de Dieu la réclamer comme une nécessité scientifique primordiale et la mettre en tête de toutes les théories de la nature.

De quel droit se montre-t-on plus exigeant pour les vérités religieuses que pour les vérités scientifiques? Puisque c'est au nom de la science qu'on prétend attaquer la religion, que nos adversaires soient au moins conséquents avec eux-mêmes et qu'ils acceptent pour celle-ci les preuves qu'ils admettent pour celle-là.

Or la méthode universellement adoptée de nos jours dans les sciences exactes consiste à procéder de l'inconnu au connu, à partir de l'inconnu en le supposant démontré, et en raisonnant de manière à tirer de ses relations avec les faits connus la preuve de son existence, sa valeur, ses propriétés.

Nous ne demandons à nos adversaires que d'appliquer au problème capital de l'existence de Dieu les procédés d'investigation que nous employons en matière scientifique et qui nous conduisent à des résultats si merveilleusement exacts. Nous ne leur demandons que d'admettre provisoirement comme démontrée l'existence de Dieu au même titre qu'une des hypothèses scientifiques que nous avons exposées plus haut. De même que l'on admet l'existence de l'éther sans l'avoir jamais isolé, et le principe de la gravitation sans en comprendre la nature, uniquement pour relier entre eux les phénomènes de certaines parties déterminées de la science, de même il nous est bien permis de poser en principe l'existence de Dieu pour essayer de connaître l'origine et l'ensemble des phénomènes de l'univers.

Il résulte de tout ce qui précède que la notion de l'existence de Dieu est éminemment scientifique et qu'elle ne peut pas être rejetée *à priori* comme absurde. Mais cela ne nous suffit pas. L'existence de Dieu n'est pas seulement une hypothèse plus ou moins plausible et scientifiquement admissible. C'est un fait qui domine toutes les sciences de la nature; c'est, pour nous servir de l'expression de Hirn, « une vérité mathématique » que l'on peut démontrer en toute rigueur.

C'est cette démonstration qui va faire l'objet de la suite de ce travail. Nous établirons, conformément au procédé universellement employé dans les sciences physiques, que les hypothèses que l'on peut faire en dehors de Dieu sur la formation et la conservation de l'univers matériel et sur l'origine de la vie sont toutes en contradiction avec les principes les plus certains de la science, avec les faits qui lui sont le plus incontestablement acquis.

Et ainsi l'existence de Dieu ne sera pas seulement un fait possible; ce sera un fait scientifiquement démontré.

LE MATÉRIALISME.

I.

Le matérialisme base de tous les systèmes athées.

Toutes les théories qui ont été proposées, depuis que l'homme existe, pour expliquer la formation de l'univers, peuvent se ramener en dernière analyse à deux systèmes seulement : le spiritualisme déiste ou le matérialisme athée. En dehors de ces deux systèmes radicalement opposés, il n'y a pas d'intermédiaire, il ne peut pas y en avoir.

C'est qu'en effet quand on nie Dieu, quand on ne reconnaît que ce qui tombe sous les sens, il ne reste, qu'on le veuille ou non, que la matière à laquelle on est obligé de tout rapporter jusqu'à la pensée et la vie. Qu'on essaie de déguiser sous les sophismes ou les réticences que l'on voudra une conséquence aussi contraire au sentiment instinctif, à la conscience de l'homme, cette conséquence ne s'en impose pas moins à tout esprit logique que guide le seul amour de la vérité.

Le matérialisme est donc le fondement réel de tous les systèmes athées; il a envahi un moment tous les rangs de la société moderne et entraîné à sa suite une multitude d'esprits qui acceptaient aveuglément ses principes sans s'inquiéter de savoir où ces principes pouvaient les conduire. Il ne s'est arrêté impuissant que là où les saines doctrines du christianisme imprégnaient les esprits et lui opposaient la barrière d'une foi solide et réfléchie.

C'est donc le spiritualisme chrétien qui est resté son seul adversaire. Aussi c'est le matérialisme seul qui a inspiré toutes les mesures dont souffrent les croyances qui nous sont chères, c'est lui qui a suscité toutes ces publications irréligieuses par lesquelles on essaie d'arracher au peuple les principes chrétiens qui font son bonheur et sa force ; c'est lui, par suite, qui est responsable de cette progression du mal que les publicistes constatent avec effroi sans prévoir comment on pourra l'arrêter.

Il est évident en effet que si, comme le veulent nos adversaires, (1) tout se réduit à des combinaisons et à

(1) Le cerveau sécrète la pensée comme les reins sécrètent l'urine. (Ch. Vogt.)

Le cerveau digère les pensées comme l'estomac digère les aliments. (Cabanis.)

La pensée est un mouvement de la matière. (Moleschott.)

La matière dans son ensemble est la mère d'où tout provient et où tout retournera ; nous devons tôt ou tard perdre notre personnalité dans la masse commune du monde. (Buchner.)

L'homme n'a d'autre âme que le cerveau ; toutes les forces intellectuelles que l'on attribue à l'âme sont question de qualités, de manières d'être et se réduisent à des modifications produites par des mouvements ayant lieu dans le cerveau qui est le siège du sentiment et le principe de toutes nos actions. (D'Holbach.)

des mouvements de la matière, non seulement dans l'univers physique mais dans le monde de la pensée et de la vie; si toutes nos actions et notre volonté elle-même ne sont que les résultantes des mouvements des molécules élémentaires qui constituent nos corps, si, comme on l'a dit, la vertu et le vice ne sont que des produits de la nature comme « le vitriol et le sucre » il est évident, dis-je, qu'il n'y a ni libre arbitre ni responsabilité morale, que tout est permis, que tout est licite, qu'il n'y a ni bien ni mal, ni conscience, ni vie future, et que l'homme serait bien bête ou bien fou de se gêner en quoi que ce soit dans ses passions ou ses instincts.

Cela est tellement évident qu'il n'y a pas besoin de plus longue démonstration pour le prouver; le matérialisme est, qu'il le veuille ou non, la négation de toute morale non moins que de toute religion.

On pourrait s'étonner à bon droit qu'une telle doctrine aussi méprisable par ses conséquences ait pu jouir à notre époque d'une pareille vogue, même dans les classes instruites de la société, si l'on ne savait qu'elle s'est donnée partout comme le dernier mot de la science moderne et que cette seule prétention a suffi pour la faire accepter sans examen, tant est grand le prestige de ce grand mot : la science moderne !

Hâtons-nous de dire qu'il n'en est rien. Non seulement la doctrine matérialiste n'est pas l'expression exacte de la science moderne; mais cette même science la condamne expressément dans son principe et dans toutes ses conséquences. C'est ce que nous verrons dans les chapitres suivants..

II.

Impuissance analytique du matérialisme.

« Tout est matière, tout se réduit à des mouvements de la matière. »

Tel est l'axiome fondamental de la doctrine matérialiste.

Il en resulte que le matérialisme doit pouvoir tout expliquer par des mouvements d'atomes.

Or je cherche en vain parmi les savants de notre époque aussi bien que parmi les savants des époques passées un seul qui ait pu appliquer l'analyse mathématique au principe que nous venons d'énoncer, qui ait résolu par les seuls mouvements des atomes le moindre problème relatif à l'origine des choses dans l'ordre physique, à plus forte raison dans l'ordre physiologique et moral.

Or une doctrine ne peut être acceptée pour vraie que si elle permet de résoudre les problèmes qu'elle soulève. Dans le cas qui nous occupe, ces problèmes seraient certainement résolubles si, comme le prétend la doctrine matérialiste, tout doit se réduire à des mouvements d'atomes uniquement soumis aux lois de la mécanique.

Est-il besoin de dire que nous en sommes encore à attendre une théorie analytique du matérialisme ?

Considérons en particulier les systèmes de cosmogonie moderne. Tous s'appuient sur des conceptions absolument différentes de celles des matérialistes touchant l'organisation primitive de la matière. Au lieu de ces chocs désordonnés d'atomes auxquels nos adversaires veulent tout rapporter, ces systèmes supposent tous, à l'origine des choses, un certain ordre, un mouvement régulier et déterminé de la masse matérielle.

Descartes, qui le premier a conçu le monde comme un système mécanique régi par des lois invariables, admettait que la matière avait été primitivement disséminée par Dieu en masses distinctes animéesde mouvements en sens divers, avec des vitesses variables, Dieu conservant la quantité de mouvement répartie dans la totalité de l'univers de la même manière qu'il l'a créée, par sa seule volonté.

Newton se donnait même le mouvement circulaire des planètes qu'il supposait émané directement de Dieu.

Laplace, dans sa célèbre *Exposition du système du monde*, qui a été considérée pendant la première moitié de ce siècle comme la synthèse la plus élevée des sciences modernes, Laplace suppose la matière originelle à l'état incandescent et animée tout entière d'un mouvement de rotation autour d'un axe central.

Enfin, dans son bel ouvrage *Sur l'origine du Monde*, M. Faye, recherchant quel a été le mode de formation mécanique de l'univers compatible avec l'état actuel de l'astronomie, part d'une hypothèse encore plus compliquée : il suppose la matière primitive disséminée en grands lambeaux, animés chacun d'un double mouvement de translation très rapide et de giration très lente.

Ainsi les systèmes cosmogoniques, qui représentent la synthèse générale des sciences, s'appuient tous sur des principes complètement opposés à ceux du matérialisme. Tous admettent implicitement ou explicitement qu'une intelligence suprême a coordonné la matière et lui a imprimé les mouvements d'ensemble nécessaires à l'explication mécanique de la formation du monde. Tous sont donc en désaccord absolu sur ce premier point avec la doctrine matérialiste.

Nous pourrions donc dès maintenant passer outre et déclarer purement et simplement cette doctrine inacceptable au nom de la science ; mais il nous est aussi facile de la réfuter directement et de saper par la base les principes sur lesquels elle prétend édifier toutes ses théories.

III.

Les atomes.

Mais d'abord qu'est-ce que la matière ?

Sans entrer ici dans une discussion philosophique qui nous conduirait trop loin, nous ferons simplement remarquer que nous ne connaissons la matière que par ses propriétés extérieures, celles qui tombent sous nos sens. Autrement dit, pour parler le langage philosophique, nous la connaissons dans ses modes et non pas dans sa substance.

Du reste une telle recherche est absolument inutile aux démonstrations que nous avons en vue. Nous

nous contenterons de définir la matière au point de vue mécanique en disant que c'est l'ensemble des molécules élémentaires ou atomes qui constituent tous les corps.

Cette définition suppose que tous les corps sont composés d'atomes. On sait en effet que tous peuvent être divisés en parties de plus en plus petites et que cette divisibilité n'a de limite que la perfection des appareils mécaniques qui servent à l'obtenir.

On peut se demander si cette divisibilité a une limite ou non.

La plupart des savants sont d'accord pour déclarer que cette limite existe :

« La matière, dit Resal, n'est pas divisible à l'infini, sans quoi elle serait destructible (1). »

Il est évident en effet que si les particules que nous considérons sont des solides continus, quelque petites que soient leurs dimensions, ils sont toujours divisibles par la pensée en particules de plus en plus petites ; mais si loin qu'on pousse cette division, on ne saurait jamais arriver jusqu'à la cessation de la matière, jusqu'au néant, pas plus qu'en divisant un nombre par deux on ne peut arriver à zéro, pas plus qu'en ajoutant un nombre à un autre, on n'arrive à l'infini.

Dans les sciences chimiques et mécaniques, on est obligé de supposer que cette divisibilité a une limite *effective* que l'on appelle l'atome ; cette limite n'est fixée que par la condition que les dimensions des

_____

(1) RESAL, *Cours de mécanique de l'Ecole Polytechnique.*

atomes soient très petites par rapport aux distances qui les séparent les uns des autres.

Cette conception scientifique de l'atome paraît vérifiée par les conséquences qu'on en déduit dans toutes les branches des sciences physiques et mécaniques. « La découverte des équivalents chimiques, a « dit M. Hirn, la découverte de ce fait capital qu'un « même corps chimiquement défini se combine tou- « jours suivant un même poids ou un multiple de ce « poids avec d'autres corps, cette découverte, dis-je, « a pour conséquence forcée l'existence d'unités « indivisibles, d'atomes matériels limités.... L'exis- « tence d'un volume atomique immuable, quel qu'il « soit d'ailleurs en lui-même et comme valeur abso- « lue, est hors de doute aujourd'hui. »

Du reste, cette conception fût-elle inexacte, du moment qu'elle est admise par les matérialistes — et elle l'est, — nous avons le droit de nous en servir pour discuter et réfuter leurs théories.

IV.

Le principe de l'inertie.

De quelque manière que l'on conçoive la constitution de la matière, il est un principe que l'on doit admettre comme essentiel à toutes les sciences physiques et mécaniques, c'est que la matière ne peut se mouvoir d'elle-même ni modifier d'elle-même son état de repos ou de mouvement.

C'est ce qu'on appelle le principe de l'inertie.

Comment, en effet, pourrait-on appliquer les raisonnements et les calculs mathématiques aux mouvements de la matière et aux lois de la nature, si l'on admettait qu'une particule d'éther, par exemple, peut résister aux mouvements vibratoires qui la sollicitent, qu'une molécule de matière peut se soustraire aux mouvements du système auquel elle est liée?

L'accord constant et invariable qui se manifeste partout entre les résultats du calcul et l'observation est une garantie parfaite et une démonstration expérimentale absolument rigoureuse de la vérité du principe de l'inertie.

Du reste, si l'on pouvait admettre que la matière a la faculté de se mouvoir à son gré, par un *motu proprio*, il faudrait lui reconnaître une certaine vertu intrinsèque, une sorte de volonté ou d'intelligence, et les matérialistes seraient les premiers à repousser une pareille prétention, puisque pour eux l'intellignce et la volonté sont le *résultat* et non la *cause* des mouvement de la matière.

C'est donc avec une matière passive et inerte que, d'accord avec les matérialistes eux-mêmes, nous devons chercher à expliquer la formation de l'univers physique.

V.

Le mouvement.

Nous sommes tout d'abord amenés à nous demander d'où vient le mouvement. Question oiseuse, nous répondent les matérialistes. Les atomes se meuvent parce qu'ils doivent se mouvoir, parce que le mouvement est dans l'essence de la matière, qu'on ne conçoit pas la matière sans mouvement, pas plus que le mouvement sans matière (1).

On peut répondre cependant que notre esprit fait une différence si nette entre les deux notions de matière et de mouvement, que c'est lui faire violence de supposer que ces deux choses ne peuvent être séparées. Il se refuse à admettre qu'un corps ne puisse pas ne pas se mouvoir, de même qu'il se refuse à admettre qu'un corps puisse se mouvoir sans cause.

De plus la mécanique, pleinement d'accord avec les exigences de notre raison, établit comme un axiome fondamental qu'un corps ne peut se mouvoir sans une cause spéciale appelée *force*. Sans rechercher ici quelle est la nature de la force, ce que nous ferons plus loin, nous devons dire dès maintenant qu'en mécanique on considère la force comme une entité spéciale qu'on soumet séparément au calcul, et qu'on distingue expressément de la masse sur laquelle elle agit.

En résumé, les deux notions de matière et de mouvement sont absolument distinctes dans notre esprit, à tel point qu'on conçoit parfaitement un corps sans mouvement, tandis qu'on ne conçoit pas un mouvement sans corps. Il n'est donc pas permis

____

(1) Le mouvement est chose inhérente à la matière. (D'Hol-bach). La matière n'a jamais existé sans mouvement. (De Lanessan.)

de les confondre, comme le font les matérialistes, sans aller contre toutes les règles de la logique.

Nous allons voir qu'elles sont non moins distinctes dans la réalité des choses, et que, sur ce premier point déjà, la doctrine matérialiste est en contradiction avec les faits.

VI.

Le mouvement n'est pas inhérent à la matière.

« On ne conçoit pas la matière sans mouvement, disent les matérialistes. Nous voyons, il est vrai, dans la nature des corps en repos; mais outre que ces corps en repos sont constitués par des molécules en mouvement, ce repos lui-même n'est qu'apparent. Les corps qui nous paraissent en repos sont entraînés avec nous dans des mouvements dont nous n'avons pas conscience, parce que tous les objets, tous les êtres qui nous entourent sont entraînés comme nous et avec nous, par exemple, dans le mouvement de rotation de la terre autour de son axe et dans son mouvement de translation autour du soleil. »

Cela est vrai. Mais la mécanique nous apprend aussi que, quels que soient les mouvements dont un point matériel est animé, ou mieux dont sont animés les différents systèmes auxquels il est lié, on peut toujours composer ces mouvements en un seul dans une direction unique. Donnons à ce point, d'une manière quelconque, une vitesse précisément égale et contraire à la résultante que nous venons de trouver, et le point sera en repos ; et ce repos sera non pas un repos relatif, mais un repos absolu dans l'ensemble de l'univers.

Supposons par exemple que nous puissions composer tous les mouvements qui sollicitent un point quelconque de notre planète : mouvement de rotation autour de l'axe des pôles, mouvement de translation autour du soleil, mouvement de précession, de nutation, mouvement de translation du système solaire lui-même dans l'univers sidéral, et que nous obtenions ainsi une vitesse résultante de P mètres par seconde dans un azimut déterminé A, résultante faisant dans ce plan un angle déterminé Z avec le zénith. Nous pouvons très bien imaginer qu'on puisse en ce point lancer un boulet de canon dans la direction exactement opposée à celle que nous avons précédemment déterminée, avec une vitesse précisément égale à celle que l'on aurait obtenue pour la résultante cherchée. Le centre de gravité de ce boulet de canon serait réellement immobile, au moment de sa sortie du canon dans l'ensemble de l'univers.

Le fait, nous dira-t-on, est pratiquement impossible. Soit. Mais il suffit qu'il soit théoriquement possible, pour que nous puissions dire sans hésitation : le mouvement n'est pas inhérent à la matière puisque celle-ci *peut* être en repos absolu.

Nous pouvons même aller plus loin.

Considérons les atomes constitutifs des corps, atomes qui, dans la doctrine matérialiste, sont constamment en mouvement, et prenons-les à l'origine des choses alors que ces atomes n'étaient pas encore associés entre eux; leurs mouvements étaient alors des mouvements absolus. Deux de ces atomes se choquent; après le choc, ou bien ils restent en repos, et alors le repos est absolu; ou ils reprennent des vitesses égales en sens contraire; ces vitesses, ayant changé de signe, ont donc dû passer par zéro; autrement dit, elle se sont annihilées pendant une période aussi courte que l'on voudra, mais qui a cependant une valeur finie et déterminée. Les deux atomes en question ont donc été un moment en repos, et ici ce repos est effectif, réel, absolu.

Le mouvement n'est donc pas inhérent à la matière, puisque celle-ci non seulement *peut*, mais *doit* ou *a dû* être en repos, dans la doctrine matérialiste elle-même.

Mais alors, puisque le mouvement n'est pas inhérent à la matière, c'est que la matière n'a pas en elle-même la cause de son mouvement, et ce que nous avons déjà établi à propos du principe de l'inertie s'impose maintenant à nous avec une nouvelle et plus éclatante certitude, à savoir, qu'il y a une cause aux mouvements de la matière; et cette cause, n'étant pas en elle, est en dehors d'elle et est par suite immatérielle.

C'est cette cause que nous nommons Dieu.

VII.

Formation du monde par des chocs d'atomes. Réfutation.

Passons maintenant à l'explication matérialiste de la formation de l'univers.

Dans cette doctrine, l'univers, à l'origine, était formé d'une infinité d'atomes séparés, se mouvant sans ordre dans toutes les directions. Le hasard des rencontres a amené des groupements, des combinaisons, qui, se compliquant de plus en plus, ont fini par constituer l'univers tel qu'il existe actuellement.

C'est là le fond de toutes les théories matérialistes sur l'origine des choses.

Ce qui fait la force de cette explication, c'est surtout son apparente complexité. Cette infinité d'atomes se mouvant dans toutes les directions, se choquant de toutes les manières, forment dans notre esprit un tableau excessivement confus, et il paraît impossible à première vue de soumettre à l'analyse un ensemble d'éléments aussi compliqués.

Il n'en est rien, comme nous allons le voir.

Considérons deux atomes qui se déplacent avec des vitesses égales et contraires suivant une même et ligne droite. Ces deux atomes se choqueront ; comme ils sont dénués de toute élasticité, ils resteront immobiles après le choc.

Nous disons que ces atomes sont dénués de toute élasticité. N'oublions pas, en effet, que nous sommes ici en présence de la matière primitive, et que, dans la doctrine matérialiste, cette matière n'a d'autre propriété que le mouvement qui l'anime. Dans un corps quelconque, l'élasticité provient du mouvement interne des molécules, mouvement produit par le choc ou par une force extérieure comprimante. Mais ici, l'atome primitif ne peut pas être décomposé en atomes plus petits, puisque par hypothèse il est le plus petit possible ; il ne peut donc pas y avoir d'élasticité.

Il n'y a pas à dire non plus que le choc se transformera en chaleur. Dans un corps quelconque, la chaleur, suivant la théorie cinétique, est constituée par des mouvements de molécules. Mais ici l'atome étant irréductible, la chaleur ne s'y conçoit pas plus que l'élasticité.

Donc, de toutes manières, après le choc, les deux atomes resteront unis et en repos.

Un troisième atome viendra ensuite les choquer. Deux cas sont à examiner.

1° Ces atomes étant de forme sphérique sont simplement juxtaposés. Soient a et b ces deux atomes. Si un troisième atome c vient choquer, par exemple, l'atome b, il le détachera de la masse ab et les deux atomes bc formeront une nouvelle masse qui se mettra en mouvement avec une vitesse moitié plus petite que la vitesse de c. Un quatrième atome d choquant un des deux atomes constitutifs de la masse bc le détachera pour former une nouvelle masse qui se déplacera avec une vitesse résultant de la vitesse de d et de celle de la masse bc, et ainsi de suite. On voit que dans ce cas il n'y aurait jamais plus de deux atomes juxtaposés, sauf si la rencontre avait lieu suivant la ligne des centres, auquel cas on aurait des files plus ou moins grandes d'atomes juxtaposés.

Si l'atome c choquait à la fois les deux atomes a et b, il en résulterait pour chacun d'eux des mouvements de rotation dont nous examinerons l'effet plus loin.

2° Les deux atomes étant de formes irrégulières adhèrent par des sortes d'aspérités et l'ensemble de a et de b forme une masse qui se trouve en quelque sorte en état d'équilibre stable. L'atome c en choquant cette masse, ne réussira pas à la désagréger et lui imprimera, en supposant que l'impulsion passe par le centre de gravité, un simple mouvement de translation avec une vitesse qui sera déterminée par la formule $U = \dfrac{m\,v}{M+m}$ où M représente la masse de ab, m et v la masse et la vitesse de c et U la vitesse de l'ensemble abc.

En continuant ainsi on voit que la masse primitive irait toujours en augmentant tandis que la vitesse irait en diminuant.

Nous avons supposé dans les deux cas qui précèdent que les masses de tous les atomes sont égales. S'il n'en était pas ainsi, les deux premiers atomes, au lieu d'être ramenés au repos après le choc, continueraient leurs mouvements avec une vitesse différénte de zéro, mais la suite du raisonnement serait la même et nous conduirait au même résultat.

Supposons maintenant que les atomes primitifs possèdent non seulement des mouvements de translation comme dans les deux cas précédents mais encore des mouvements de rotation, ce qui est le cas le plus général que l'on puisse examiner. La mécanique nous apprend que ces rotations sont indestructibles et qu'elles produisent sur les corps qui se choquent le même effet que l'élasticité. Nous sommes donc amenés à considérer le cas du choc entre atomes élastiques.

D'après la théorie mécanique du choc, deux molécules parfaitement élastiques ne font qu'échanger leurs vitesses. Si l'une d'elles est en repos et qu'elle soit choquée par une autre molécule animée d'une vitesse V, celle-ci restera en repos après le choc, et la première continuera avec la même vitesse V le mouvement commencé par la seconde. Si les deux molécules sont animées de vitesses égales et contraires, elles reprendront leur mouvement en sens inverse avec des vitesses identiques.

Il n'y aurait donc jamais combinaison entre les atomes constitutifs de l'univers, et celui-ci serait resté éternellement composé de simples molécules séparées, c'est-à-dire à l'état de chaos.

Ainsi, quelles que soient les hypothèses que nous fassions sur la nature des atomes, leurs formes et leurs mouvements, soit que nous considérions des atomes durs ou des atomes élastiques, des atomes sphériques ou des atomes irréguliers, des mouvements de translation ou des mouvements de rotation, nous arrivons à des conclusions également inacceptables: les atomes ne s'uniraient que pour se séparer ensuite ou se juxtaposeraient suivant de simples files, ou s'agrégeraient en masses homogènes tendant vers le repos absolu, ou se repousseraient dans un chaos indéfini.

Inutile de dire que tout cela est absolument opposé à ce que nous montre l'observation la plus élémentaire de l'univers.

La théorie matérialiste qui aboutit à de pareils résultats est donc condamnée par les faits.

Donc elle est fausse.

LE PANTHÉISME.

I.

Le panthéisme et le principe de l'évolution de la matière.
« Dieu n'est pas, il se fait. »

Quelques philosophes croient pouvoir échapper aux conclusions qui précèdent en admettant que la matière possède en chacune de ses parties constitutives certaines forces intrinsèques, qu'on se garde bien du reste de définir, mais qu'on considère comme la cause des transformations et de l'évolution de l'univers. Pour eux, la matière, en vertu d'un principe immanent qu'elle possède en elle-même, tendrait vers un état de plus en plus parfait, dont la limite n'est autre que Dieu même, de sorte que selon leur propre formule, *Dieu n'est pas, il se fait.*

C'est là, on le sait, la pure doctrine du panthéisme moderne, tel qu'il a été formulé par Hégel et tel qu'il est encore accepté par toute l'école évolutionniste athée, bien différent en cela du panthéisme ancien qui confondait, il est vrai, la substance de l'univers avec la substance de Dieu, mais plaçait Dieu à l'origine et non à la fin des choses.

Il est évident d'abord qu'un tel système est contraire à cet axiome de notre raison que le plus ne peut sortir du moins. L'être, la vie, l'intelligence ne peuvent sortir spontanément du néant; quelque chose qui n'existe pas ne peut créer ce qui existe; la perfection, l'infini ne peuvent se créer eux-mêmes ni se former de l'imparfait, du fini.

Et puis, si la nature possède en elle-même le principe de la perfection, pourquoi ne l'a-t-elle pas atteint du premier coup? Pourquoi lui faut-il une infinité de siècles pour y arriver? Et si Dieu peut exister dans une infinité de siècles, pourquoi n'existerait-il pas dès maintenant?

Les prétendus axiomes du panthéisme sont tellement extraordinaires, ils répugnent tellement au plus vulgaire bon sens, qu'il pourrait sembler inutile de les discuter plus longuement. Leur simple énoncé suffit pour les réfuter. Nous croyons cependant qu'il est utile d'en démontrer l'absurdité, comme nous l'avons fait pour le matérialisme, en étudiant les conséquenses qu'on en déduirait dans l'ordre des faits purement scientifiques. Car précisément parce que cette doctrine est plus vague et moins brutale que le matérialisme pur, parce qu'elle en dissimule les conséquences sous une forme moins accessible au raisonnement, elle est plus dangereuse et peut s'infiltrer plus aisément dans les esprits.

D'abord, dites-vous, la matière évolue sans cesse, en vertu des forces qui lui sont propres, vers un état de perfection qu'elle n'atteindra qu'au bout d'un espace de temps infini. Mais si la matière a en elle le principe de la perfection, comment se fait-il qu'elle ait besoin de tant de temps pour l'atteindre? Puisque rien n'existe en dehors d'elle, quelle est la cause qui peut s'opposer à ce qu'elle se soit organisée du premier coup de la manière la plus parfaite possible? Bien plus si la matière a en elle-même sa raison d'être, si elle est à elle-même son principe et sa fin, il est impossible de comprendre pourquoi il y aurait jamais eu le moindre changement dans son état. L'être nécessaire est forcément l'être parfait, et ce qui est parfait est nécessairement immuable. Notre raison se refuse à admettre ces évolutions perpétuelles du *grand Tout*, il ne peut comprendre — suivant la formule transformiste — *l'intérêt* que pouvait avoir ce *grand Tout* à partir d'un état d'imperfection approchant du néant pour n'atteindre sa forme définitive qu'au bout d'un nombre incalculable de siècles (1).

D'ailleurs si la matière possède en elle-même le principe d'un état supérieur, c'est-à-dire, sans aller jusqu'à la divinité, le principe de l'intelligence et de la vie, pourquoi tout n'est-il pas *vie* dans l'univers, pourquoi la presque totalité de cet univers est-elle à l'état de matière brute? Pourquoi dans les êtres vivants eux-mêmes, l'intelligence, le raisonnement, les facultés transcendantes sont-elles le privilège de quelques individus relativement rares? Si la matière est arrivée à cette période de son développement où l'intelligence est possible, on

____

(1) Comment la matière existerait-elle par elle-même sans le savoir ni le vouloir, puisqu'elle ne devient vie et pensée qu'après de longues évolutions? (P. MONSABRÉ.)

ne peut comprendre que tout ne soit pas intelligence, à plus forte raison, que tout ne soit pas vie (1).

Poser ces questions, c'est les résoudre. Si l'univers change, c'est qu'il n'existe pas *par lui-même*, éternellement, nécessairement. Si la matière n'est pas parfaite, si elle n'est pas partout intelligence et vie, c'est qu'elle n'a pas en elle-même le principe de la perfection, le principe de l'intelligence et de la vie. Elle n'est pas à elle-même sa cause et sa fin.

Nous voyons ainsi que l'axiome fondamental sur lequel le panthéisme prétend édifier toutes ses théories ne résiste pas au plus simple examen du bon sens et de la raison.

Nous allons voir qu'il ne résiste pas davantage à l'examen critique de la science contemporaine.

II.

Le panthéisme et le principe de la conservation de l'énergie.

On sait que, d'après un des principes fondamentaux de la science, la quantité d'énergie répartie dans l'ensemble de l'univers est invariable. Or, d'après le panthéisme, la quantité d'énergie aurait été s'aug-

------

(1) Il est manifeste, dit saint Thomas d'Aquin, que si la matière est un principe de vie, tout corps doit être vivant ou principe de vie. Et cependant je rencontre à chaque pas des corps inanimés. C'est donc que la vie n'est pas essentielle à la matière; car une chose ne peut pas manquer de ce qui lui est essentiel. (P. MONSABRÉ.)

mentant constamment depuis l'origine des choses, puisque la vie, source d'énergie, qui n'existait pas à l'origine, se serait produite d'elle-même au bout d'un temps plus ou moins long.

Il en est ainsi en particulier pour le système de Taine qui place à l'origine des choses une simple *formule* créatrice dont le développement à l'infini aurait produit toutes choses. Dans ce système l'intelligence, la force, la matière, l'énergie seraient sorties d'une abstraction, c'est-à-dire au point de vue mécanique, du néant.

D'une manière générale, a dit excellemment l'abbé de Broglie, la raison humaine ne peut admettre comme possible un effet supérieur à sa cause, ou un effet sortant d'une cause insuffisante, pas plus qu'en physique on ne peut admettre qu'un liquide abandonné à lui-même s'élève au-dessus de son niveau, ou qu'une machine fournisse plus de force vive qu'elle n'en reçoit.

Les panthéistes s'en rendent compte eux-mêmes, et c'est pour cela qu'ils essaient de voiler, pour ainsi dire, cette impossibilité du passage spontané du moins au plus en supposant que leur évolution se fait d'une façon excessivement lente. Mais le temps ne fait rien à l'affaire, il est tout aussi impossible qu'un liquide s'élève de lui-même au-dessus de son niveau au bout d'un temps très lent qu'au bout d'un temps très court (1).

____

(1) DE BROGLIE. *Le positivisme et la science expérimentale.*

III.

La force.

Voyons maintenant de quelle manière la science considère cette notion de la force à laquelle les panthéistes demandent le secret de l'origine des choses et par laquelle ils croient pouvoir se passer de la notion de Dieu.

La force, nous dit la science, est une cause de mouvement. « Un point matériel libre ne peut se « mettre en mouvement sans l'action d'une cause ap-« pelée *force*. On conçoit la force sans savoir ce que « c'est. On admet seulement que les forces sont pro-« portionnelles aux accélérations qu'elles produisent « sur un même point matériel (1). »

Ainsi, pour la science, la force est simplement la cause du mouvement — ce qui prouve encore une fois que, pour la science, tout mouvement a une cause — mais qu'en étudiant la force elle n'étudie au fond que le mouvement. Du reste, « elle ne connaît pas l'essence de la force, elle n'en connaît que les effets (2). »

Il y a plus. La plupart des savants, et en particulier les savants athées, les seuls que nous ayons à réfuter ici, déclarent que ces effets existent seuls, qu'ils ont seuls une réalité objective, autrement dit que la force n'existe pas, et que ce que nous appelons

(1) RÉSAL. *Cours de mécanique de l'Ecole Polytechnique.*
(2) id.

de ce nom n'est qu'une apparence produite par les mouvements visibles ou invisibles de la matière.

« Les forces, dit le docteur Buchner, ne sont autre chose que des espèces de mouvements de la matière. »

« Ce que nous appelons forces n'existe pas dans la nature; la force est simplement l'effet d'une transmission de mouvement. Dans l'état actuel de la science, on est amené de plus en plus à ne voir dans la nature que la matière et le mouvement tous les deux également indestructibles (1). »

De telle sorte qu'après nous avoir déclaré qu'il y a dans la matière une force qui doit servir à expliquer ses évolutions, on est réduit à nous dire que cette force est un mot vide de sens et qu'elle n'existe pas.

Disons, du reste, que cette manière de voir n'est pas particulière à nos adversaires. C'est aussi celle d'un grand nombre de savants spiritualistes et chrétiens qui, avec Descartes, n'admettent pas que la matière puisse agir autrement que par contact.

Nous citerons entre autres l'illustre P. Secchi, qui a consacré un volumineux ouvrage, *l'Unité des forces physiques*, à la démonstration de cette thèse.

« Les forces, dit-il, ne sont plus regardées comme
« des qualités occultes de la matière, mais comme
« de purs effets de mouvements. »

____

(1) Saint-Robert.

IV.

L'attraction à distance.

Quoi qu'il en soit de la nature exacte de la force, nous allons examiner si des forces *matérielles* c'est-à-dire inhérentes à la matière, aveugles comme elles, auraient pu constituer le monde tel que nous le montre l'observation.

Considérons en particulier la force d'attraction proportionnelle aux masses et inversement proportionnelle au carré des distances. L'observation prouve que cette force régit tous les mouvements de l'univers et se retrouve dans les mondes les plus éloignés qu'il soit possible de soumettre à l'investigation scientifique (1).

(1) Une discussion s'est engagée récemment à l'Académie des sciences sur cette intéressante question au sujet des anomalies présentées par les mouvements de Mercure. Le Verrier, pour expliquer ces anomalies, avait émis l'hypothèse d'une planète intramercurielle, située entre Mercure et le soleil. Les plus récentes observations prouvent que cette planète n'existe pas. On a alors essayé d'expliquer ces anomalies en modifiant la loi de l'attraction centrale, en y introduisant un terme fonction de la vitesse de l'attraction. On n'a pas réussi à les faire disparaître *complètement* en donnant à cette vitesse une valeur analogue à celle de la lumière, non plus qu'en essayant des formules relatives à l'électricité, à moins de donner aux paramètres dans ce dernier cas des valeurs tout à fait arbitraires qui ne résultent d'aucune loi théorique et d'aucun principe *a priori*. (*Comptes rendus de l'Acddémie des sciences*, 17 février et 17 mars 1890.)

Aussi beaucoup de philosophes sont-ils tentés d'en faire une qualité primordiale de la matière au même titre que la masse, et c'est à elle qu'ils demandent le secret des mouvements primitifs et des combinaisons des atomes constitutifs de l'univers.

Rappelons ce que nous avons déjà dit plus haut à propos de la gravitation, à savoir que la nature de l'attraction à distance nous est complètement inconnue, et que la science n'affirme pas la réalité objective de l'attraction de la matière sur la matière; elle dit simplement avec Newton que tout se passe dans la nature *comme si* la matière s'attirait suivant une loi déterminée. Quant au principe même de l'attraction, citons encore l'immortel savant qui en a le premier donné l'énoncé :

« Que la gravité soit innée et essentielle à la ma-
« tière, de sorte qu'un corps puisse agir sur un autre
« corps à distance à travers le vide et sans aucun
« intermédiaire qui transmette cette action et cette
« force de l'un à l'autre, c'est pour moi une absurdité
« si grande qu'il me semble impossible qu'un homme
« capable de traiter de matière philosophique puisse
« y tomber. »

Il est facile en effet de se convaincre qu'en attribuant à chaque atome une sorte de vertu spéciale, inhérente et pourtant spécifiquement distincte de la matière, les panthéistes ne font pas autre chose que de doter chaque atome d'une sorte d'esprit, d'une âme immatérielle, en sorte que ce qu'ils refusent à Dieu, ils l'accordent sans la moindre raison à la matière; ils font de chaque atome un être complet à la fois matériel et immatériel, un être éternel, nécessaire, et pour ne pas reconnaître le seul qui existe, ils en admettent une infinité.

V.

L'attraction ne suffit pas à expliquer l'origine du monde.

Admettons cependant que ce qu'un Newton a déclaré absurde et indigne de tout esprit sérieux soit vrai, et que la matière possède en elle-même le pouvoir d'attraction à distance. Au point de vue de l'origine des choses, cela ne servira absolument à rien.

Supposons d'abord les atomes en repos.

La force d'attraction sera impuissante à modifier cet état de repos et à créer à elle seule ces mouvements tourbillonnaires et rotatoires que la science nous montre à l'origine de notre monde.

On démontre en effet en mécanique rationnelle que, dans une sphère homogène, la somme des attractions des molécules matérielles sur un point situé au centre de cette sphère est nulle. Or, tout point de l'espace peut être considéré comme le centre d'une sphère de rayon infini. Le théorème précédent, étant indépendant de la grandeur absolue du rayon de la sphère s'applique par suite au cas où ce rayon est infini. Donc la somme des attractions d'une masse illimitée de matière sur un point quelconque de cette masse est nulle, et par suite cette masse doit rester en repos.

Nous avons supposé implicitement que la matière à l'origine était homogène. On ne voit pas en effet pourquoi il en aurait été autrement.

Supposons cependant qu'il n'en fût rien et que non seulement la matière primitive ne fût pas homogène, mais encore que les atomes divers qui la composaient fussent animés de mouvements quelconques. On voit que nous faisons la part belle à nos adversaires et que nous prenons l'hypothèse la plus générale qu'il soit possible de formuler.

Remarquons tout d'abord que l'attraction entre atomes est excessivement faible, à tel point, qu'on la néglige généralement dans la théorie cinétique des gaz. Si cependant nous en tenons compte, nous voyons immédiatement qu'elle aura pour effet de faire adhérer les atomes entre eux, une fois que le hasard de leurs mouvements les aura amenés à se rencontrer ou les aura conduits assez près l'un de l'autre pour que leurs attractions mutuelles les arrêtent dans leurs courses et les fassent tomber l'un sur l'autre. La force d'attraction les tiendra alors réunis et nous arrivons au même résultat que celui que nous avons déjà examiné quand nous avons supposé les atomes irréguliers et s'encastrant les uns dans les autres.

Nous avons vu que dans ce cas il se produirait des masses homogènes qui iraient sans cesse en grossissant. Leurs attractions combinées détermineraient des circulations plus ou moins complexes mais qui ne ressembleraient à rien de ce que nous offre l'ensemble de l'univers. En tout cas, la résistance aux mouvements de ces masses, due aux atomes non agrégés, amènerait rapidement un ralentissement général, qui produirait finalement leur chute les unes sur les autres et leur condensation en une masse unique, homogène.

C'est à une conclusion identique qu'aboutit M. Faye dans son remarquable ouvrage sur *l'Origine du Monde*. « Si le système solaire, dit-il, avait été privé « à l'origine de toute giration, la force de l'attraction « suffirait à y faire naître des circulations plus ou « moins complexes. Mais ce système ne serait guère « stable et finirait par se réduire à une masse unique. « Ce qu'il y a de sûr, c'est que la somme des aires « décrites par les rayons vecteurs autour d'un point « et projetées toutes sur un même plan serait rigou- « reusement nulle. D'où proviendrait donc les gira- « tions gigantesques toutes dans le même sens qui « forment le trait caractéristique du système solaire « et qui en assurent la stabilité? »

VI.

Nécessité de la création d'après l'âge et la coloration des étoiles.

L'astronomie nous donne une autre preuve saisissante de la fausseté des systèmes panthéiste et matérialiste.

Si, comme le prétendent ces deux systèmes, la matière était éternelle, les différents mondes qui constituent l'univers auraient dû se former à des époques quelconques dans la série illimitée des temps. Par suite, on devrait observer des proportions à peu près égales d'étoiles en formation, d'étoiles en pleine activité et d'étoiles sur leur déclin. Ces différentes phases de l'âge des étoiles sont indiquées très nettement par leurs colorations. Il est prouvé, en effet, que la coloration rouge indique la période de déclin, la coloration blanche celle de la pleine activité, et la coloration jaune la période intermédiaire.

Or M. Faye a calculé que, loin d'être égales, les proportions que l'on trouve de ces différentes colorations sont très différentes et qu'il y a 95 pour 100 d'étoiles blanches ou légèrement jaunâtres contre 5 pour 100 seulement d'étoiles rouges ou variables. Par suite, toutes les étoiles remontent, à peu de chose près, à une même époque de formation.

Voici, du reste, le texte même de l'éminent astronome. Nous tenons à le citer intégralement, car sa découverte constitue une démonstration pour ainsi dire tangible et expérimentale de la création et par suite de la nécessité du Créateur.

« La proportion des étoiles blanches ou légèrement « jaunâtres, dit-il, est de 95 pour 100. Celle des « étoiles rouges et variables, voisines de la phase « d'extinction, est de 5 pour 100. Ces astres étant non « pas égaux sans doute, mais à peu près du même « ordre de grandeur et n'étant dotés que d'une pro- « portion de chaleur limitée, doivent être à peu près « contemporains. Je veux dire que leur formation « remonte à une même époque, en prenant ce mot « dans un sens très large; car s'ils s'étaient formés « à des dates quelconques, dans la suite infinie des « temps, nous aurions certainement des proportions

« toutes différentes d'étoiles en pleine activité et
« d'étoiles sur leur déclin (1). »

VII.

Dieu, force suprême, éternelle, infinie.

Ainsi, de quelque manière que l'on considère le
problème de la formation de l'univers, soit qu'avec
le matérialisme pur on n'admette que matière et
mouvement, soit qu'avec le panthéisme matérialiste,
on attribue à chaque atome une force particulière,
innée, d'élasticité ou d'attraction, on est obligé de
reconnaître qu'à l'origine des choses il existait une
force extérieure à la matière, indépendante de la
matière, qui a agi sur elle, au moins une fois, pour
lui imprimer les mouvements d'ensemble, tourbillonnaires ou rotatoires, d'où sont sortis les mondes
tels que nous les observons actuellement.

Etudions quelques-uns des caractères de cette
force.

Elle était illimitée. Car elle agissait sur une masse
dont nous ne pouvons pas évaluer les dimensions,
puisque même après leurs condensations successives
nous ne connaissons pas de limite aux mondes
existants.

Elle était intelligente. Car l'intelligence consiste à
se connaître et à connaître les autres. Or si cette
force n'avait pas été intelligente, comme elle était
indépendante de la matière, elle serait restée éter-

(1) *Sur l'Origine du Monde*, p. 253 et 254.

nellement en face de celle-ci sans jamais agir sur elle.

Du reste nous avons vu qu'une force inconsciente ou aveugle surajoutée à la matière ne pouvait suffire pour organiser celle-ci et lui donner l'ordre et la structure que nous observons actuellement dans l'univers.

Cette force intelligente et immatérielle est ce que nous appelons un esprit.

Nous pouvons encore dire que l'univers est fonction de trois éléments primordiaux : la matière, l'espace et le temps. La force dont nous venons de reconnaître l'existence étant indépendante d'une manière absolue de l'univers est donc indépendante de chacun de ces éléments. C'est ce que nous résumons en disant qu'elle est un pur esprit, c'est-à-dire un être immatériel; infini, c'est-à-dire indépendant de l'espace; éternel, c'est-à-dire indépendant du temps.

Il existe donc une force immatérielle, intelligente, éternelle, nécessaire, illimitée.

L'existence de cette force étant, comme nous l'avons vu, indispensable à l'explication mécanique de la formation de l'univers est donc scientifiquement démontrée.

C'est cette force, cette intelligence, cet être nécessaire et éternel que nous nommons Dieu.

LE POSITIVISME.

I.

Le positivisme est contraire à l'esprit de la science moderne.

Le positivisme, ou, pour lui donner son nouveau nom, l'agnosticisme, est le dernier système qu'il nous reste à examiner. Il se distingue des deux précédents en ce qu'il ne nie pas *a priori* l'existence de Dieu. Il se contente de déclarer qu'elle n'est pas accessible à notre raison.

Pour le réfuter, il suffit donc de démontrer qu'elle l'est. C'est ce que nous avons fait dans les pages qui précèdent.

Nous ajouterons que dans le positivisme Dieu n'est pas le seul *inconnaissable*. Toutes les notions fondamentales de la science et de la raison le sont également. L'espace, le temps, le mouvement, la force ne sont pas plus compréhensibles que la cause première. On s'est pourtant bien gardé de rejeter ces notions fondamentales. Pourquoi en serait-il autrement de la notion de Dieu ?

Tout ce que nous avons dit au commencement de cette étude sur les premiers principes des sciences, sur l'impossibilité de notre esprit de les concevoir mieux que Dieu, doit donc suffire en bonne logique pour réfuter le positivisme.

Nous ajouterons que cette dernière doctrine est, par ses principes mêmes, absolument contraire à l'esprit et aux tendances de la science moderne. Le positivisme déclare en effet vouloir se renfermer exclusivement dans le domaine des faits directement accessibles à notre observation. Mais la vraie science cherche au contraire à sortir le plus possible des faits pour remonter aux causes; elle n'observe les phénomènes que pour découvrir les lois.

« On ne saurait trop respecter les faits, a dit Mor-
« ley : ce sont des ouvertures pratiquées dans les
« murailles qui nous enserrent; mais leur réelle va-
« leur est de nous permettre de voir derrière ces murs
« Les faits sont la fondation de l'édifice de la science;
« mais est-ce que la base de l'édifice est le but pro-
« jeté par l'architecte? »

Aussi la doctrine du positivisme, qui prétend nous renfermer dans le cercle étroit des connaissances concrètes, est-elle absolument contraire à toutes les tendances de l'esprit humain, et l'on pourrait s'étonner à bon droit du succès considérable qui a accueilli au milieu de ce siècle les idées d'Auguste Comte, si l'on ne savait combien l'école qu'il a fondée se ré-clamait bruyamment de la science moderne, et comment elle prétendait, elle aussi, l'accaparer à son profit. Au fond, le positivisme n'est pas autre chose que l'antique scepticisme décoré d'un nom moderne et revêtu d'une forme en apparence scientifique. Le doute est, suivant le mot de Montaigne, un oreiller si commode où reposer sa tête, que l'on comprend l'empressement avec lequel tant d'hommes réellement distingués, mais qui ne veulent pas approfondir des problèmes qui les gênent, s'abritent derrière une doctrine qui les invite à **ne** rien chercher au delà du petit cercle de l'univers visible.

Mais, nous venons de le dire, cette doctrine n'a aucun droit à se réclamer de la science moderne; elle est en contradiction formelle avec les tendances de l'esprit scientifique et la marche même de ses progrès. Si elle avait régné dans les siècles qui ont précédé les nôtres, jamais l'homme ne serait parvenu aux résultats dont il se glorifie actuellement et dont l'école positiviste se réclame pour nous combattre.

L'histoire est là, en effet, pour nous prouver que ce besoin de connaître la raison la plus cachée d'un phénomène, de remonter d'une cause à une cause supérieure, est le mobile le plus puissant qui pousse l'homme aux découvertes dans les sciences de la nature.

Les plus grands savants ne sont pas ceux qui observent, ce sont ceux qui déduisent des observations les principes qu'elles contiennent. C'est grâce aux observations de Tycho-Brahé que Képler découvre les lois expérimentales du mouvement des planètes. C'est en s'appuyant sur la connaissance de ces mouvements que Newton découvre la loi générale qui les régit. Avec le positivisme, nous en serions encore à Képler, et nous devrions rejeter la loi de la gravitation comme on voudrait nous faire repousser l'existence de Dieu, uniquement parce que nous ne comprenons pas cette loi et qu'elle ne tombe pas directement sous nos sens.

«En excluant la recherche des causes, dit excellemment l'abbé de Broglie, le positivisme réduirait la

science à une simple constatation de faits successifs,
à une série de formules empiriques qui seraient à la
science véritable ce qu'un recueil de recettes phar-
maceutiques est à la médecine. »

Le positivisme est donc par sa tendance la négation
de tout progrès sérieux; il est précisément l'inverse
de cet esprit scientifique qu'il invoque sans cesse.
Il n'a aucun droit à se réclamer de la science et à
nous combattre en son nom. Nous pourrions donc
passer outre, d'autant plus qu'il n'oppose à nos démonstrations aucune objection proprement dite et
qu'il se borne à refuser de nous entendre. Voyons
cependant si nous ne pouvons pas le réfuter sur le
terrain même où il reste si opiniâtrément cantonné.

II.

**Le positivisme est réfuté rigoureusement par les conclusions
qui précèdent.**

Le positivisme ne veut, dit-il, accepter que des
faits sensibles ou au moins des raisonnements qui
se déduisent directement de ces faits. Mais sur quoi
nous sommes-nous basés dans les pages qui précèdent? Ne sont-ce pas des faits précis, des raisonnements mathématiques, sur lesquels nous avons établi
la nécessité de l'existence de Dieu? Que faut-il de plus
pour le convaincre? Il se réclame de la science; nous
avons vu que c'est la science elle-même qui pro-
clame la croyance à l'existence de Dieu comme absolument nécessaire à l'explication mécanique et
physique de la formation de l'univers.

Il ne peut pas davantage arguer de l'indétermination du problème ; car il n'y a évidemment que deux solutions possibles : Dieu existe, ou il n'existe pas. Or nous avons examiné tous les systèmes fondés sur la négation de Dieu ; nous avons démontré rigoureusement que tous aboutissent à des conclusions directement opposées à ce que nous présente la connaissance la plus certaine des faits et des lois de la nature. La croyance à l'existence de Dieu reste donc seule debout sur les ruines des systèmes athées ; et par suite les positivistes eux-mêmes ne peuvent faire autrement que d'en reconnaître la certitude et la rigoureuse nécessité.

CONCLUSION.

Nous avons achevé nos démonstrations. Nous n'avons pas la prétention de croire qu'on ne puisse donner d'autres preuves de l'existence de Dieu. Nous croyons au contraire que l'existence d'un être, créateur de toutes choses, auteur et conservateur de l'univers, s'impose à l'esprit humain par un grand nombre de considérations tant philosophiques que morales, qui toutes ont leur certitude, certitude comparable à ce que les sciences mathématiques nous offrent de plus précis.

Il n'est pas dans notre cadre de développer ces sortes de preuves, qui ont été maintes fois exposées avant nous. Nous nous en tenons aux démonstrations scientifiques qui précèdent, persuadé qu'elles sont plus appropriées aux goûts et aux idées de notre époque, et qu'elles peuvent apporter dans les esprits une conviction certainement supérieure à celle qui résulterait des procédés purement philosophiques.

Nous ne prétendons pas davantage que les démonstrations qui précèdent soient les seules que l'on puisse trouver dans le domaine de la science. Nous croyons au contraire que plus la science multipliera ses découvertes, plus elle étendra ses conquêtes dans le domaine de la nature, plus la nécessité de l'existence de Dieu se dégagera des travaux des savants et plus on se convaincra de la vérité de cette affirmation d'un des maîtres de la science contemporaine :

« L'ensemble de la création ne peut s'expliquer que
« par l'intermédiaire d'une volonté libre antérieure
« à tout phénomène, non pas seulement capable de
« commander aux éléments, mais qui, après les avoir
« créés, les conserve et les dirige. La réalité de cet
« intermédiaire qui ne saurait être une cause aveugle
« est une vérité mathématique, et son affirmation
« doit être le dernier mot de la science moderne
« pour tout esprit droit et indépendant (1). »

Comment donc expliquer que tant d'hommes, qui ne sont pas étrangers cependant aux études scientifiques, qui les ont même quelquefois poussées assez loin, refusent de reconnaître cette nécessité d'un Dieu créateur qui ressort si clairement de tout ce qui précède ?

Disons d'abord que le nombre de ceux qui ont nié radicalement Dieu est beaucoup plus petit qu'on ne le croit. Pour quelques-uns, c'est une manie paradoxale; pour quelques autres, une sorte de paresse intellectuelle qui les empêche d'étudier une question qui, disent-ils, ne les intéresse pas. La plupart, en effet, s'absorbent dans leur spécialité scien-

(1) HIRN.

tifique, ne veulent rien voir au delà et ne se donnent pas la peine de s'élever à cette vue d'ensemble qui leur permettrait de saisir le plan divin de la création et par suite la nécessité du Créateur.

Ils s'en tiennent aux affirmations intéressées d'une école qui prétend accaparer la science à son profit et n'admet pas qu'il puisse y avoir d'esprits réellement scientifiques en dehors du cercle restreint de ses adhérents : « Par cela seul qu'on admet le sur- « naturel, déclarait Renan, on est en dehors de la « science » : assertion monstrueuse et qui ne mérite- rait pas qu'on la réfutât, si on ne l'entendait répé- ter par tous ceux qu'aveugle la passion antireli- gieuse. Nous n'avons pas besoin, pour en démontrer l'absurdité, de remonter aux siècles passés et d'ap- peler en témoignage Copernic, Képler, Galilée, Descartes, Pascal, Leibnitz, Newton, tous ces glo- rieux fondateurs de la science moderne que distin- guait un profond respect de la vérité révélée. A notre époque même, longue serait la liste de tous les grands esprits qui ne craignent pas d'affirmer leurs croyances religieuses et nous démontrent par une irréfutable expérience que, contrairement à l'opinion de Renan, on peut être savant tout en étant chrétien.

Mais que peuvent faire de pareils exemples à des hommes qui sont décidés à ne rien entendre ? Ils savent très bien que si l'on se mettait sérieusement à étudier ces questions religieuses si décriées, le prestige dont ils s'entourent avec leur grand mot de science moderne s'évanouirait bien vite, et que c'est à notre profit que tournerait le mouvement scientifique qu'ils prétendaient accaparer.

Malheureusement la convition de l'esprit n'est pas tout dans la question qui nous occupe, et ni les lois impérieuse de la logique, ni les preuves décisives de la science ne suffisent pour entraîner notre adhésion.

C'est qu'en effet, comme l'a très bien montré le P. Gratry, la croyance à l'existence de Dieu n'est pas seulement une question d'ordre intellectuel, c'est encore et surtout une question d'ordre moral. On s'abrite derrière des raisons scientifiques qui n'ont pas de valeur sérieuse. Mais le problème est surtout psychologique. On n'est pas convaincu, parce qu'on ne veut pas l'être, parce qu'on tient à conserver sa liberté vis-à-vis de ses passions, parce qu'on a *intérêt* à ne pas croire.

Ce n'est pas à dire qu'il ne puisse y avoir, dans l'état actuel de la société, des hommes qui sans admettre explicitement l'existence de Dieu conservent le même vernis d'honnêteté, les mêmes vertus apparentes que la plupart de ceux qui les entourent; mais ils subissent, sans le savoir, l'influence du milieu chrétien où ils vivent et des idées chrétiennes dans lesquelles ils ont été élevés. « On garde encore, disait l'un d'eux, « la sève morale de la vieille croyance sans en « porter les chaînes. A notre insu, c'est souvent « à ces formules que nous devons les restes de notre « vertu. Nous vivons d'une ombre, du parfum d'un « vase vide. Après nous, on vivra de l'ombre d'une

« ombre. Je crains par moments que ce ne soit un
« peu léger (1). »

Bien coupables sont ceux qui, comme Renan, trouvant cette base de leur morale si légère, ne cherchent
pas à s'en assurer une plus solide, et restent volontairement dans l'indifférence au sujet des vérités que
nous venons d'étudier.

(1) E. RENAN, *Discours pour la réception de M. Cherbuliez
à l'Académie.*

TABLE DES MATIÈRES.

LE POSITIVISME.